LEARN FRENCH WITH SHORT STORIES

OVER 100 DIALOGUES & DAILY USED PHRASES TO LEARN FRENCH IN NO TIME. LANGUAGE LEARNING LESSONS FOR BEGINNERS TO IMPROVE YOUR VOCABULARY & SPEAK FRENCH LIKE A NATIVE!

LANGUAGE MASTERY

Copyright © 2022 by Language Mastery

- All rights reserved.

No part of this book may be reproduced in any form or by any electronic or mechanical means, including information storage and retrieval systems, without written permission from the author, except for the use of brief quotations in a book review.

CONTENTS

Introduction	vii
1. THE WEEKEND TRIP *Transition Words*	1
Summary	5
Words to Remember	6
Questions	7
Answers	8
English Translation	8
2. THE FORTUNE-TELLER *Personal Pronouns, Possessive Pronouns & Possessive Adjectives*	13
Summary	18
Words to Remember	18
Questions	19
Answers	21
English Translation	21
3. THE HOTEL *Common Everyday Objects*	27
Summary	31
Words to Remember	32
Questions	33
Answers	34
English Translation	34
4. SATURDAY *Numbers*	39
Summary	42
Words to Remember	42
Questions	43

Answers	45
English Translation	45
5. BACK HOME *Relationship Words*	49
Summary	52
Words to Remember	52
Questions	53
Answers	54
English Translation	55
Conclusion	59
Also by Language Mastery	63

INTRODUCTION

Language is an irreplaceable part of human life. Just imagine for a moment that you wake up one morning and cannot speak your own language. How would your life be? How would you feel? Wouldn't life feel like a total mess? While knowing a language is essential, knowing more than one could be a competitive advantage for you. You will be able to communicate easily with more people and this can help you greatly in improving the quality of both your personal as well as professional life. What's more? Learning a new language is excellent for your brain. It is like a workout for the mind and can help you stay younger mentally.

Learning a new language isn't as hard as it seems. Learning can take place outside the classroom too. All you need is patience, lots of hard work, and regular practice. This book can be your guiding light and helping hand that you need on your language learning journey.

CREATED FOR BEGINNERS

This book is geared toward beginners. You will learn a new language through the adventures of Jack and Rose, a young British boy and a Swiss girl. It is divided into 17 chapters. As you walk with them through their various life experiences, you will not only be thoroughly entertained but will also get to learn loads of commonly used phrases and words to enrich your vocabulary.

This book can provide you with a really fun learning experience and will immerse you into a new language in the most interesting way.

THE BENEFITS OF LEARNING A NEW LANGUAGE

Learning a language is one of the most complete cognitive exercises: memory is activated while new neural connections are formed as we move from one language to another. Studying a foreign language increases language, reasoning, abstraction, and calculation skills. In addition to this, knowing more than one language opens up a whole new world to you: from being able to communicate with a larger audience, or opening your access to new job opportunities and relationships.

HOW TO USE THIS BOOK

Each chapter is divided into five sections. The first section contains the story. This is followed by a brief summary of the story. Next, you will find a list of important words that you must remember to increase your fluency, efficiency, and flow with this new language. Following this will be a section containing five questions based on the story. The final section will have answers to these questions. Whether you are 15 or 55, learning a new language using this book is going to be extremely easy and interesting.

Start by reading the story. Don't pressure yourself too much and just try to understand and absorb as much as you can in your first read. It is normal to not be able to understand every word. You are learning a new language after all. Read the summary next to confirm your understanding of the story. Try to remember the words/phrases listed under the "words to remember" category. Finally, check your knowledge and understanding by trying to answer the questions at the end of every chapter. Check your solutions with the answer key provided to see how many questions you got right. Try to learn from your mistakes and move on to the next chapter. As you progress from one chapter to the next, you will see your grasp of the new language gradually improve.

READ AND LISTEN

We highly recommend you buy the audio version of this book. If you choose to listen to the audiobook, you will hear a native French and a Native English speaker narrating each story before or during reading. Reading along will help you become accustomed to their accent, which will be helpful when applying your new language skills in real-life situations.

Don't wait anymore. Put all your fears and apprehension away and set foot on this amazing language learning journey today!

1
THE WEEKEND TRIP
TRANSITION WORDS

Jack et Rose sont dans la voiture. Le portable de Jack sonne et il répond.

« Bonjour ! »

L'homme de l'autre côté dit une chose à laquelle il répond : « Dans une quinzaine de minutes je crois. »

« Ils doivent lui demander à quelle distance nous sommes de la destination ! **Mais** qui lui demande cela ? » s'émerveille Rose.

« Nous avons deux sacs. Nous sommes deux, **donc** un sac chacun. » Jack dit à l'homme.

« Deux sacs ! Est-ce que cela veut dire que nous prenons l'avion ! Je lui ai dit de ne pas réserver d'avion ou de train ! » se dit Rose.

« Bien sûr ! Merci. »

Jack raccroche.

Il regarde Rose et elle sourit. Il ne dit rien et tous les deux passent leur temps à observer le paysage.

« Les voyages en voiture sont un excellent moyen de voir la vraie beauté naturelle d'un pays ! L'Italie est très belle. » dit Jack.

« En effet ! Il y a tellement de belles occasions pour prendre des photos ici », fait remarquer Rose.

« Il y en aura beaucoup d'autres », dit Jack.

« Vraiment ? Je suis tellement excitée par la surprise ! »

« J'espère que vous serez agréablement surprise ! » dit Jack en croisant les doigts.

« Ne vous inquiétez pas ! Tout ira bien ! » dit Rose. « Il n'y aura plus de mésaventures maintenant », ajoute-t-elle.

« Je l'espère », dit Jack.

Tout d'un coup, la voiture s'arrête au milieu de la route.

« Que s'est-il passé ? » demande Jack au conducteur.

« Je pense qu'il y a un problème avec le moteur », répond le conducteur.

« Oh, mon Dieu ! Pas encore ! » dit Rose, irritée. « Que ferons-nous maintenant sur cette route déserte ? Comment atteindrons-nous notre destination ? » ajoute-t-elle.

« Nous sommes au milieu de la route ! Nous devons **d'abord** pousser la voiture sur le côté », dit Jack en silence.

« Oui, oui ! Pourriez-vous m'aider, monsieur ? » demande le chauffeur à Jack.

« Bien sûr ! » dit Jack. Rose sort de la voiture et les deux hommes poussent le véhicule sur le côté de la route.

« Laissez-moi inspecter la voiture ! » dit le conducteur avant d'ouvrir le capot.

Rose est très contrariée. « Vous avez dit aimer les aventures, n'est-ce pas ? » dit Jack en souriant.

« Oui, mais pas encore une fois. C'est la **deuxième** fois que nous sommes coincés à mi-chemin. »

« Ne vous inquiétez pas ! Nous atteindrons notre destination **malgré** tous les obstacles. Profitez de chaque étape du voyage. **Après tout**, ce sont des moments comme ceux-ci qui rendent un voyage mémorable », assure Jack.

« Il y a un problème avec la batterie. Je dois appeler un mécanicien », interrompt le conducteur.

« Combien de temps cela prendra-t-il ? » demande Jack.

« **Comme** nous sommes dans un endroit éloigné, il faudra peut-être un certain temps pour trouver un mécanicien. **Cependant**, je doute que le mécanicien puisse corriger le problème », dit le conducteur.

« Êtes-vous en train de dire qu'il faudra plus d'une heure pour corriger la situation ? » demande Jack.

« **Sans aucun doute**. **En fait**, le mécanicien pourrait même vouloir amener la voiture à son atelier pour faire la réparation. »

« Oh non ! Que ferons-nous **alors** ? » dit Rose, déçue.

« Ummm. Vous pouvez essayer de réserver un autre taxi. **Si** vous voulez bien attendre un peu, vous pouvez rester ici jusqu'à ce que le mécanicien arrive et voir ce qu'il dit. **Parce que d'une façon ou d'une autre**, vous devrez attendre même si vous choisissez de réserver un autre taxi », suggère le conducteur.

« Je pense que ce n'est pas une mauvaise idée d'attendre », dit Jack qui regarde Rose.

« D'accord, mais que ferons-nous ici pendant si longtemps ? Il commence aussi à faire noir », dit Rose.

« Si votre destination n'est pas particulière, j'ai une idée ! Il y a un hôtel à proximité. Vous pouvez y passer la nuit, **puis** partir pour votre destination demain matin », dit le chauffeur.

« Ce n'est pas une mauvaise idée, Rose ! » dit Jack.

« La vie est vraiment imprévisible ! Nous avons décidé d'éviter les trains et les avions **pour cette raison**, et ces obstacles nous suivent ici aussi. C'est tellement injuste. » dit Rose.

« **Même si** cet endroit n'est pas celui où nous voulions être, nous pouvons **finalement** vivre les mêmes aventures », dit Jack.

« Comment ? » demande Rose.

« Ce que j'avais prévu, c'était un voyage en camping dans la forêt. Et je viens de découvrir avec l'aide de monsieur Google qu'il y a une forêt ici aussi. Bien que ce ne soit évidemment pas la même chose que celle-là, cela peut finir par nous donner le même genre d'expérience amusante. »

Rose est immédiatement d'accord. Elle est de nouveau heureuse.

« Je viens de recevoir un message de ma compagnie. Le mécanicien sera ici dans environ 30 minutes », dit le conducteur.

« C'est merveilleux ! » dit Rose.

« Le mécanicien aura une voiture, **alors** je vous déposerai à l'hôtel dans sa voiture. C'est un homme très gentil. Cela ne le dérangera pas », dit le conducteur.

« Merci beaucoup. »

Jack sourit.

« Il y a des choses intéressantes à faire ici si cela vous intéresse », dit le conducteur.

« Comme quoi ? » demande Rose.

« Ce sont des petites choses, rien de majeur. **Par exemple**, à environ un kilomètre au nord d'ici, il y a un magnifique endroit pour faire un pique-nique. Il y a cette forêt dont vous venez de parler. Il y a aussi des fermes ici **si** vous voulez faire l'expérience de la vie de village. Et **enfin**, il y a une bonne diseuse de bonne aventure à proximité qui est vraiment incroyable pour prédire l'avenir. Ces activités pourraient être un bon passe-temps pour vous deux

pendant que vous attendez que le mécanicien arrive. Il y a aussi un petit parc aquatique ici. Mais **à cause** de la destruction causée par la tempête, il n'est plus opérationnel », dit le conducteur.

« Une diseuse de bonne aventure ! Wow ! Cela semble vraiment intéressant ! » dit Rose. « Qu'en dites-vous, Jack? Y allons-nous maintenant ? »

« D'accord ! Je ne crois pas à la bonne aventure, **mais** elle peut être divertissante », dit Jack.

« Certainement ! Vous apprécierez le temps que vous passerez avec elle ! Elle habite tout près », remarque le chauffeur.

« **Enfin**, quelque chose d'excitant à faire ! » dit Rose.

Jack sourit et dit au conducteur : « Pouvez-vous s'il vous plaît nous montrer le chemin de chez elle ? »

« Vous êtes nouveau ici, et la route est un peu compliquée. **Par conséquent**, il est préférable que vous me suiviez. Je vous y emmènerai. Ce n'est pas très loin. » répond le conducteur.

Jack et Rose sont d'accord et le chauffeur les mène à la maison de la diseuse de bonne aventure.

SUMMARY

Jack et Rose sont dans la voiture. Ils sont en route vers une destination qui est une surprise pour Rose. La voiture s'arrête soudainement à mi-chemin et le conducteur dit que le problème prendra beaucoup de temps à résoudre. Le conducteur leur donne plusieurs solutions alternatives. Jack et Rose décident enfin de passer la nuit dans un hôtel voisin et d'explorer la forêt pendant le week-end.

WORDS TO REMEMBER

1. **Mais** - But
2. **Comme ça/Alors** - So
3. **Tout d'un coup** - All of a sudden
4. **D'abord** - First
5. **Deuxième** - Second
6. **Malgré** - Despite
7. **Depuis/Comme** - Since
8. **Toutefois/Cependant** - However
9. **Sans aucun doute** - Without a doubt
10. **Finalement** - Eventually
11. **Pendant** - While
12. **En fait** - In fact
13. **Alors/Puis** - Then
14. **Si** - If
15. **Parce que** - Because
16. **Dune façon ou d'une autre** - Either way
17. **Après tout** - After all
18. **Pour cette raison** - For this reason
19. **Même si** - Even though
20. **Finalement** - Ultimately
21. **Par exemple** - For example
22. **Enfin** - Lastly
23. **Par conséquent** - As a result
24. **Enfin** - Finally
25. **Donc** - Therefore

QUESTIONS

1. Combien de sacs ont Jack et Rose?

- a. Deux
- b. Quatre
- c. Six
- d. Huit

2. Que se passe-t-il au milieu de leur voyage?

- a. Jack et Rose commencent à se battre
- b. Le conducteur tombe malade
- c. La voiture s'arrête soudainement
- d. Jack et Rose s'arrêtent dans un restaurant pour dîner

3. Comment Rose réagit-elle lorsque la voiture s'arrête soudainement?

- a. Elle est très heureuse
- b. Elle pleure
- c. Elle crie après le conducteur
- d. Elle est bouleversée

4. Lequel des endroits suivants est fermé en raison de la destruction causée par la tempête?

- a. L'aéroport
- b. Le parc aquatique
- c. L'hôtel
- d. La gare

5. Lequel des éléments suivants Rose trouve-t-elle intéressant?

- a. Une visite à la diseuse de bonne aventure
- b. Des vacances en Amérique
- c. Une journée au parc aquatique
- d. Manger de la nourriture japonaise dans un restaurant

ANSWERS

1. **a.** Deux
2. **c.** La voiture s'arrête soudainement
3. **d.** Elle est bouleversée
4. **b.** Le parc aquatique
5. **a.** Une visite à la diseuse de bonne aventure

ENGLISH TRANSLATION

Jack and Rose are in the car. Jack's mobile phone rings and he answers.
"Hello!"

The man on the other side says something to which he replies, "I think in about fifteen minutes."

"They must be asking him how far we are from the destination! But who is asking him that?" Rose wonders.

"We have two bags. There are two of us, so one bag each." Jack says to the man.

"Two bags! Does this mean we are taking a plane! I told him not to book any planes or trains!" Rose thinks to herself.

"Sure! Thank you."

Jack hangs up.

He looks at Rose and she smiles. He says nothing and both of them spend their time observing the passing scenery.

"Car journeys are an excellent way to see the real natural beauty of a country! Italy is very beautiful." Jack says.

"Indeed! There are so many lovely photo opportunities here," Rose remarks.

"There are going to be so many more where we're going," says Jack.

"Really? I am so excited about the surprise!"

"I hope you are pleasantly surprised!" Jack says and crosses his fingers.

"Don't worry! It will all be good!" Rose says. "There are not going to be any more mishaps now," she adds.

"I hope so," Jack says.

All of a sudden, the car comes to a stop in the middle of the road.

"What happened?" Jack asks the driver.

"I think there is a problem with the engine," the driver replies.

"Oh, God! Not again!" Rose says, irritated. "What will

we do now on this deserted road? How will we reach our destination?" she adds.

"We are in the middle of the road! We first need to push the car to the side," Jack says quietly.

"Yes, yes! Could you please help me, sir?" the driver asks Jack.

"Sure!" says Jack. Rose steps out of the car, and the two men push the vehicle to the side of the road.

"Let me inspect the car!" the driver says and opens the bonnet.

Rose is very upset. "You said you like adventures, right?" Jack says with a smile.

"Yes, but not this again. This is the second time we are getting stuck halfway."

"Don't worry! We will reach our destination despite all the hurdles. Enjoy every bit of the journey. After all, it's moments like these that make a trip memorable," Jack assures her.

"There is a problem with the battery. I will have to call a mechanic," interrupts the driver.

"How long will this take?" Jack asks.

"Since we are in a remote location, it might take some time to get a mechanic. However, I doubt the mechanic will be able to correct the problem here," says the driver.

"Are you saying this will take more than an hour to rectify?" Jack asks.

"Without a doubt. In fact, the mechanic may even want to take the car to his shop to do the repair."

"Oh no! What will we do then?" Rose says disappointed.

"Uhm. You may try booking another cab. If you don't mind waiting a bit, you can stay here until the mechanic arrives and see what he says. Because either way, you will have to wait even if you choose to book another cab," suggests the driver.

"I think it's not a bad idea to wait," Jack says and looks at Rose.

"Ok, but what will we do here for so long? It's also getting dark." Rose says.

"If you are not particular about your destination, I have an idea! There is a hotel nearby. You can stay there for the night and then leave for your destination tomorrow morning. " says the driver.

"It's not a bad idea, Rose!" Jack says.

"Life is truly unpredictable! We decided to avoid trains and planes for this reason, and these hurdles are following us here as well. This is so unfair." Rose says.

"Even though this place isn't where we wanted to be, we can ultimately experience the same adventures here," Jack says.

"How?" Rose asks.

"What I had planned was a camping trip in the forest. And I just discovered with the help of Mr. Google that there is a forest here too. While it will obviously not be the same as that one, it can eventually give us the same kind of fun experience." Jack says.

Rose immediately agrees. She is happy again.

"I just received a message from my company. The mechanic will be here in about 30 minutes," says the driver.

"That's wonderful!" Rose says.

"The mechanic will have a car, so I will drop you off at the hotel in his car. He's a very nice man. He won't mind," says the driver.

"Thank you very much."

Jack smiles.

"There are some interesting things to do here if you're interested," the driver says.

"Like what?" asks Rose.

"They are small things, not anything major. For example, about a mile north of here, there is a beautiful picnic spot. There is that forest you just spoke about. There are some farms here too if you want to experience village life. And lastly, there is a nice fortune-teller nearby who is really amazing at predicting the future. These activities could be a nice pastime for you both while you wait for the mechanic to arrive. There is also a small water park here. But as a result of the destruction caused by the storm, it is no longer operational," says the driver.

"fortune-teller! Wow! That sounds really interesting!" Rose says. "What do you say, Jack? Shall we go there now?"

"Uhm. All right! I don't believe in fortune-telling, but it can be entertaining," Jack says.

"Definitely! You will enjoy your time with him! He lives close by," remarks the driver.

"Finally, something exciting to do!" Rose says.

Jack smiles and tells the driver, "Can you please show us the way to his place?"

"You are new here, and the route is a bit complicated. Therefore, it is better that you follow me. I will take you there. It is not very far." the driver replies.

Jack and Rose agree, and the driver leads the way to the fortune-teller's house.

2
THE FORTUNE-TELLER
PERSONAL PRONOUNS, POSSESSIVE PRONOUNS & POSSESSIVE ADJECTIVES

Le temps est agréable, le soleil est sur le point de se coucher et la route est calme. Jack, Rose et le chauffeur marchent vers la maison de la diseuse de bonne aventure. Le bruit de **leurs** pas fait écho. Le conducteur marche rapidement devant les deux amis. Il semble être très en forme. Jack peut rattraper sa vitesse *(**la sien**)*, mais Rose ne le peut pas. Une de ses chaussures est cassée.

« Comment allez-vous marcher avec ces chaussures ? Votre autre chaussure se brisera très bientôt », dit Jack en riant.

« Chut ! Ne dites pas ça, Jack ! Si mon autre chaussure se casse, je vais avoir de sérieux problèmes », dit Rose.

« Quelle est votre pointure ? » dit Jack en regardant ses petits pieds.

« La **mienne** ? Je sais, elle est toute petite », dit Rose en souriant.

« Il y avait un très beau magasin à la périphérie du village où nous étions. Ils avaient aussi une bonne collection de chaussures, mais il n'y avait pas de rayon enfants dans ce magasin ! » dit Jack en riant.

« Vous vous moquez de moi ! Je suis la plus grande fille de notre famille, dit Rose en souriant.

« Bravo ! Félicitations ! » dit Jack.

Elle rit.

« **Nous** allons maintenant emprunter cette voie sur la gauche. C'est un peu rocheux, mais c'est la route la plus courte », dit le conducteur.

« Bonne chance à vous et aux vôtres pour le voyage à venir ! » dit Jack en souriant à Rose.

« Mes chaussures font un excellent travail jusqu'à maintenant ! Je vais m'en sortir », dit Rose, mais elle est sceptique.

« **Votre** autre chaussure ne semble pas en bon état. Je pense que sa semelle sort d'un côté », dit-il.

« Non, ça va. Je vais aller chez la diseuse de bonne aventure », dit-elle.

La route est très étroite maintenant et les trois d'entre eux continuent à marcher. Il y a quelques maisons écartées et le conducteur pointe vers la dernière. La maison n'est pas trop grande, mais c'est la plus grande sur cette voie. La porte est légèrement ouverte, et à travers d'elle, vous pouvez voir une boule de cristal. Le conducteur frappe à la porte et appelle :

« Mme Bourgogne ! C'est moi, Paul. »

« Bonjour, Paul ! Veuillez entrer. » répond la diseuse de bonne aventure.

« Vous avez deux visiteurs. Je les ai apportés avec moi. »

Jack et Rose entendent le bruit d'une chaise traîner sur le plancher, puis des pas. Mme Burgundy arrive à la porte. Elle salue Jack et Rose et ils la suivent à l'intérieur. Jack n'aime pas l'endroit. Il est mal à l'aise, mais il ne dit rien. La diseuse de bonne aventure les emmène dans une pièce où il y a une table et des chaises.

« S'il vous plaît, asseyez-vous, dit la diseuse de bonne aventure.

« Profitez de cette séance, je vais attendre dans la voiture. Le mécanicien sera bientôt là », dit le conducteur avant de s'en aller.

Jack et Rose s'assoient et la diseuse de bonne aventure s'assoit en face d'**eux**.

« D'accord, alors qui voudrait commencer ? » demande la femme.

« Moi ! » Rose répond immédiatement.

La diseuse de bonne aventure rit et lui demande de lui présenter sa main.

« Vous êtes donc une palmiste. N'utilisez-vous pas une boule de cristal ? » demande Jack.

Rose est confuse. Elle ne sait rien de la chiromancie ou des boules de cristal.

« Oui, j'utilise les deux », dit la diseuse de bonne aventure.

Rose étend sa paume et dit : « Je suis prête. »

La diseuse de bonne aventure examine attentivement sa paume et les différentes lignes qui s'y trouvent. Elle dessine quelque chose sur une feuille de papier.

« Vous êtes une femme très chanceuse ! Vous êtes très artistique. Travaillez-vous dans le domaine de l'art ? » demande-t-elle.

Rose est très impressionnée. « Oui, absolument ! », dit-elle.

La diseuse de bonne aventure rit. « Continuez, et vous aurez beaucoup de succès. Vous ferez beaucoup d'argent avec l'art ! Avez-vous rencontré des obstacles récemment ? Comme des problèmes de travail et de déplacement ? »

Rose est très surprise d'entendre cette question, et Jack est un peu choqué aussi.

« Oui ! Cela a commencé par une grève des trains et

les problèmes n'ont pas cessé depuis. La raison pour laquelle nous sommes ici, c'est que notre taxi est tombé en panne. »

« Je vais résoudre le problème pour vous. »

La diseuse de bonne aventure va chercher trois petits ventilateurs de cristal dans un placard à proximité. Elle place la boule de cristal sur la table et récite quelque chose.

« Oh, boule de cristal, enlève tous les problèmes de cette femme et de cet homme ! Ramène-les à la maison en toute sécurité ! » dit la diseuse de bonne aventure et place son ventilateur près d'elle. Elle fait signe à Jack et Rose de placer les **leurs**, et **ils** le font. Jack est un peu hésitant et soupçonneux, mais Rose est très impressionnée et excitée. Elle continue à réciter quelques mantras pour les prochaines minutes. Jack estime que quelque chose ne va pas et il signale cela à Rose. Rose n'est pas d'accord. Elle demande plutôt :

« Pouvez-vous prédire quelque chose au sujet de ma vie amoureuse ? »

« Oui, bien sûr ! Que voulez-vous savoir ? »

« Quand vais-je rencontrer mon partenaire de vie ? » demande Rose tout en rougissant.

La diseuse de bonne aventure observe quelque chose sur sa paume et sur le papier. « Vous le connaissez déjà ! » dit-elle.

« Quoi ? », s'écrie Rose.

« Oui. Vous l'avez rencontré. »

« Vraiment ! Qui cela peut-il être ? » s'émerveille Rose.

« C'est l'homme assis à côté de vous ! » dit la diseuse de bonne aventure.

Jack se lève de **son** fauteuil en étant surpris. « Que dites-vous *(toi)*, madame ? Je suis amoureux de quelqu'un d'autre ! » dit Jack.

Rose rougit. Elle est très heureuse d'entendre la prédiction de la diseuse de bonne aventure.

« Tu épouseras cette femme ! Retiens mes paroles. »

Jack ne sait pas comment réagir. **Il** est surpris de la confiance de la diseuse de bonne aventure.

« Tant de couples sont revenus me dire que mes prédictions se sont réalisées ! » dit la diseuse de bonne aventure. « Tous les obstacles auxquels vous avez fait face jusqu'à maintenant en ce qui concerne votre voyage seront bientôt terminés. »

« Merci beaucoup, madame ! Vous êtes vraiment incroyable! » dit Rose.

« Montrez-moi votre main, monsieur. Laissez-**moi** vous dire ce que votre avenir vous réserve », dit la diseuse de bonne aventure à Jack.

« Vous avez déjà dit une chose scandaleuse ! Je suis choqué ! » dit Jack et **lui** tend la main.

« Avez-vous des questions particulières ? »

« Pas vraiment ! En fait, je suis incapable de penser à quoi que **ce** soit », dit Jack.

« Peu importe ! Je vais vous donner un aperçu général », dit la diseuse de bonne aventure et commence à dessiner quelque chose sur le papier, comme elle l'a fait pour la paume de Rose. **Elle** prédit un très bel avenir pour Jack. Rose pose d'autres questions sur sa vie à la diseuse de bonne aventure, et les deux y passent une demi-heure avant que Jack ne paie la diseuse de bonne aventure.

« Merci beaucoup, madame ! C'était très agréable de vous rencontrer ! Vous avez prédit des choses vraiment bonnes et incroyables pour **mon** avenir ! **Je** communiquerai certainement avec vous au cas où j'épouserais cette petite femme », dit Jack en souriant.

La diseuse de bonne aventure rit de bon cœur et dit : « Vous aurez une vie heureuse ensemble ! Toutes mes bénédictions à vous deux ! Bonne chance ! **Sa** paume est l'une des meilleures que j'aie jamais vues jusqu'à maintenant. »

« Je ne sais pas pour ma paume, mais je suis sûre que **notre** amitié sera la meilleure qui soit », dit Rose.

Jack et Rose remercient la voyante et s'en vont.

―――

SUMMARY

Le chauffeur conduit Jack et Rose à la maison de la diseuse de bonne aventure. Rose casse ses chaussures sur le chemin, mais parvient toujours à marcher vers la destination. Le conducteur les présente à la diseuse de bonne aventure et s'en va. La diseuse de bonne aventure examine les paumes de Jack et Rose et fait un certain nombre de prédictions sur leurs futurs respectifs. La prédiction la plus incroyable de toutes est que Jack et Rose se marieront. Cette prédiction choque Jack.

―――

WORDS TO REMEMBER

― *Due to the differences between the French and English many pronouns will not be highlighted in the text, but you will find the most helpful pronouns included in the list of words to remember.*

    1. **Leur** - Their
    2. **Eux** - Them
    3. **Ils** - They
    4. **Sa** - Her
    5. **Le sien** - His
    6. **Toi** - You
    7. **Ton** - Your

8. **Je** - I
9. **Mon** - My
10. **Moi** - Me
11. **Nous** - We
12. **Mien** - Mine
13. **Notre** - Our
14. **Elle** - She
15. **Ce** - It
16. **Tien** - Yours
17. **Il** - He
18. **Son** - Its
19. **Leurs** - Theirs
20. **Lui** - Him
21. **La sienne** - Hers
22. **Les notres** - Ours
23. **Les votre** - Yours

QUESTIONS

1. Quel est le problème de Rose en allant chez la diseuse de bonne aventure?

- a. Elle se blesse
- b. Elle a un accident
- c. Elle casse une de ses chaussures
- d. Elle perd son sac

2. Lequel des énoncés suivants est vrai au sujet de la maison de la diseuse de bonne aventure?

- a. Elle est brisée
- b. Elle est rouge
- c. Elle est faite de marbre
- d. C'est la plus grande maison de cette voie

3. Comment se sent Jack lorsqu'il entre pour la première fois dans la maison?

- a. Il se sent très heureux
- b. Il ne se sent pas bien
- c. Il est très impressionné
- d. Il est très excité

4. Quelle est la prédiction la plus choquante de la diseuse de bonne aventure?

- a. Jack et Rose se marieront
- b. Jack deviendra l'homme le plus riche du monde
- c. Rose deviendra une célébrité
- d. Rose et Jack deviendront des ennemis

5. De quoi Jack taquine-t-il Rose?

- a. Son poids
- b. Sa robe
- c. Son nez
- d. La taille de ses chaussures

ANSWERS

1. **c.** Elle casse une de ses chaussures
2. **d.** C'est la plus grande maison sur cette voie
3. **b.** Il ne se sent pas bien
4. **a.** Jack et Rose se marieront
5. **d.** La taille de ses chaussures

ENGLISH TRANSLATION

The weather is pleasant, the sun is about to set, and the road is quiet. Jack, Rose, and the driver are walking towards the house of the fortune-teller. The sound of their footsteps is echoing. The driver walks briskly in front of the two of them. He appears to be very fit. Jack can catch up to his speed, but Rose is cannot. One of her shoes is broken.

"How are you going to walk in these shoes? Your other shoe will also break very soon," Jack says laughing.

"Shush! Don't say that, Jack! If my other shoe breaks, I will be in serious trouble," Rose says.

"What's your shoe size?" Jack says, looking at her tiny feet.

"Mine? I know, it's quite small," Rose says smiling.

"There was a very nice store on the outskirts of that village that we were in. They also had a good collection of shoes, but there was no kids section in that store!" Jack remarks laughing.

"You are making fun of me! I am the tallest girl in our family," Rose says smiling.

"Wow! Congratulations!" says Jack.

She laughs.

"We will now go down this lane on the left. It is a bit rocky, but it's the shortest route," the driver says.

"All the best to you and yours for the journey ahead!" Jack says smiling at Rose.

"My shoes are doing a great job until now! I will manage," says Rose, but he is doubtful.

"Your other shoe doesn't seem to be in good condition. I think its sole is coming out on one side," he says.

"No, it's fine. I'll make it to the fortune-teller's house," she says.

The road is very narrow now and the three of them continue to walk. There are a few houses spread far apart, and the driver points at the last one. The house is not too large, but it's the largest one on that lane. The door is open slightly, and through it, you can see a crystal ball. The driver knocks on the door and calls out,

"Mr. Burgundy! It's me, Paul."

"Oh, hello, Paul! Please come in." the fortune-teller replies.

"You have two visitors. I have brought them with me."

Jack and Rose hear the sound of a chair being dragged on the floor and then footsteps. Mr. Burgundy comes to the door. He greets Jack and Rose and they follow him inside. Jack doesn't like the place. He is uncomfortable, but he says nothing. The fortuneteller takes them into a room where there is a table and chairs.

"Please have a seat," says the fortune-teller.

"You enjoy this session, now. I will wait in the car. The mechanic will be here soon," the driver says and leaves.

Jack and Rose sit down and the fortuneteller sits opposite them.

"Ok, so who would like to start?" the man asks.

"Me!" Rose immediately responds.

The fortune-teller laughs and asks her to present her hand.

"So you are a palmist. Don't you use a crystal ball?" Jack asks.

Rose is confused. She knows nothing about palmistry or crystal balls.

"Yes! I use both," says the fortune-teller.

Rose extends her palm and says, "I am ready."

The fortune-teller carefully examines her palm and the various lines on it. He draws out something on a piece of paper.

"You are a very fortunate girl! You are very artistic. Do you work in the art field?" he asks.

Rose is very impressed. "Yes, absolutely!" she says.

The fortune-teller laughs. "Just continue, and you will be very successful. You will make a lot of money with art! Did you face some obstacles in the recent past? Like problems with work and travel?"

Rose is very surprised to hear this question, and Jack is a little shocked too.

"Yes! It started with a train strike and hasn't let up since. The reason we are here is that our cab broke down." Rose says.

"I will solve the problem for you."

The fortune-teller fetches three little crystal fans from a cupboard nearby. He places the crystal ball on the table and recites something.

"Oh, crystal ball, take away all the problems of this girl and this man! Take them home safely!" the fortune-teller says and places his fan near it. He signals Jack and Rose also to place theirs, and they do so. Jack is a bit hesitant and suspicious, but Rose is very impressed and excited. He continues to recite some mantras for the next few minutes. Jack feels that something is not right and he signals this to Rose. Rose doesn't agree. She instead asks,

"Can you predict something about my love life?"

"Yes, of course! What do you want to know?"

"When will I meet my life partner?" Rose asks with a blush.

The man observes something on her palm and on the paper. "You already know him!" he says.

"What?!" exclaims Rose.

"Yes. You have met him."

"Really! Who can that be?" Rose wonders.

"He's the man sitting next to you!" says the fortune-teller.

Jack stands up from his chair in surprise. "What are you saying, sir? I'm in love with someone else!" Jack says.

Rose blushes. She feels very happy to hear the fortune-teller's prediction.

"You will marry this woman! Mark my words."

Jack doesn't know how to react. He's surprised at the fortune-teller's confidence.

"So many couples have come back to me saying that my prediction has come true!" says the fortune-teller. "All the obstacles you were facing until now with regard to your travel will be over soon."

"Thank you so much, sir! You are really amazing!" Rose says.

"Show me your palm, gentleman. Let me tell you what your future holds," the fortune-teller tells Jack.

"You have already said an outrageous thing! I am shocked!" Jack says and extends his hand.

"Do you have any particular questions?"

"Not really! Actually, I am unable to think of anything," Jack says.

"Never mind! I will give you a general overview," the fortune-teller says and begins drawing something on the paper, similarly to what he did for Rose's palm. He predicts a very bright future for Jack. Rose asks the fortuneteller some more questions about her life, and the two of them spend half an hour there before Jack pays the fortune-teller.

"Thank you very much, sir! It was very nice meeting you! You have predicted some really good and unbelievable things for my future! I will definitely get in touch with you in case I happen to marry this petite woman." Jack says, smiling.

The fortune-teller laughs heartily and says, "You will have a happy life together! All my blessings to you both! All the best! Hers is one of the best palms I have ever seen so far."

"I don't know about my palm, or ours, but I'm sure ours is going to be the best friendship ever," Rose says.

Jack and Rose thank the fortune-teller and leave.

3
THE HOTEL
COMMON EVERYDAY OBJECTS

Jack et Rose sont en route pour la voiture. Jack vérifie son **téléphone portable** et il est 19 heures. Les mots de la diseuse de bonne aventure sur son mariage avec Rose sont encore dans son esprit. Rose pense à la même chose. Elle balance joyeusement son **sac à main** pendant qu'elle marche à travers la voie rocheuse dans ses **chaussures** cassées. Ils ne se parlent pas. Ils se rendent sur la route principale et y trouvent le conducteur et le mécanicien.

« Qu'est-ce qui ne va pas avec la voiture ? » demande Jack au conducteur.

« Bonjour, monsieur ! Vous êtes de retour ! » dit le conducteur alors qu'il met ses **lunettes**. « Le mécanicien a vérifié le moteur. Il estime qu'il devra **apporter** la voiture à son atelier pour régler le problème. »

« D'accord. Alors, déchargeons nos **valises** de la voiture. » dit Jack avant de glisser son **portefeuille** dans la poche de son **jean**.

« Attends, Jack ! Je vais t'aider ! » dit Rose en marchant lentement vers lui tout en traînant ses chaussures sur le sol.

«Mademoiselle Petite, merci. Ne vous en faites pas, je m'occupe de votre sac», dit Jack.

« Ne vous occupez-vous pas de moi ? » murmure-t-elle.

« Désolé ? Je n'ai pas entendu cela », dit Jack.

« Rien! J'ai dit : « Donnez-moi votre stylo, je le tiendrai. »

« Vraiment ? »

« Bien sûr ! » dit-elle avec confiance.

« Mademoiselle Petite, je n'ai pas de **stylo** dans la main. En fait, ma **chemise** n'a même pas de poche pour en tenir une. Pensez à une réponse pendant que je décharge les valises. » Jack dit et s'en va.

Rose est gênée. Elle reste là à sourire et ne dit rien.

« Serez-vous en mesure de nous déposer à l'hôtel dans la voiture du mécanicien ? » demande Jack au conducteur.

« Oh, oui, certainement ! Laissez-moi lui prendre les clés ! » répond le chauffeur et va chercher les clés au mécanicien.

Jack regarde Rose et elle le regarde en retour.

« Permettez-moi de vérifier mon visage et mes cheveux avant de partir », dit-elle et ouvre son sac à main.

Elle sort d'abord un **peigne** et le passe à travers ses cheveux noirs brillants. Elle sort ensuite un miroir et vérifie ses cheveux. Elle termine enfin son look avec une application de sa **lotion** préférée, un **rouge à lèvres** rose et une généreuse vaporisation de **parfum**.

« Je suis prête à partir ! » dit Rose en remettant tous ses effets personnels dans son sac à main.

« Avez-vous une autre paire de chaussures ? » demande Jack en regardant ses chaussures cassées.

« Non. Je n'aurais jamais imaginé cela. »

« Sommes-nous prêts à aller à l'hôtel ? » demande le conducteur à l'intérieur de la voiture du mécanicien.

Jack et Rose montent dans la voiture et le chauffeur les

emmène. En une dizaine de minutes, ils arrivent à l'hôtel. L'hôtel est un petit bâtiment près de la forêt. Jack et Rose sortent de la voiture, déchargent leurs sacs, remercient le conducteur et entrent dans l'hôtel.

« Bonsoir monsieur, bonsoir madame ! Bienvenue ! » dit le réceptionniste.

« Bonjour ! » dit Jack. « Nous aimerions réserver deux chambres ici pour la nuit », ajoute-t-il.

« Bien sûr, monsieur. Veuillez vous asseoir. » répond l'homme.

Il tape quelque chose sur l'**ordinateur** et compose un numéro au **téléphone**. Il parle à son collègue d'en face pendant environ cinq minutes, puis raccroche.

« Nous n'avons qu'une seule chambre de disponible, monsieur. Êtes-vous d'accord avec cela ? » dit l'homme.

« Pas du tout ! » répond Jack.

« Très bien. Alors, il y a une autre option. Nous avons une suite de deux chambres. Voudriez-vous l'avoir ? »

« C'est mieux. Combien cela coûte-t-il par nuit ? » demande Jack.

« Combien de temps aimeriez-vous rester avec nous? » L'homme demande et gribouille quelque chose sur son **bloc-notes** avec son **crayon**.

« Ce soir et demain soir. »

Il sort sa calculatrice et ajoute des chiffres. « Ce sera 120 € par nuit, toutes taxes comprises. »

« Permettez-moi de payer pour une nuit, Jack. » Rose interrompt.

Jack est d'accord et les paiements sont faits. L'homme remet les clés de la chambre à Jack et lui donne également un **livre** contenant des détails sur toutes les commodités de l'hôtel.

« Le petit déjeuner est inclus dans votre séjour pour les deux nuits, monsieur. Nous organisons également des visites d'une journée pour nos clients à certains endroits touristiques populaires à proximité. Si vous avez besoin d'en planifier un, n'hésitez pas à communiquer avec moi. Profitez de votre séjour avec nous. » dit l'homme.

« Bien sûr. Merci ! » dit Jack, et les deux vont dans leur chambre.

« C'est une belle chambre ! » dit Rose.

« Oui, c'est très bien pour cet endroit », répond Jack.

« Allons-nous dîner maintenant ? Nous pourrons alors planifier ce que nous ferons demain. »

« Les visites d'une journée dont parlait l'homme au bureau me semblent très agréables. Nous pouvons en prendre une demain dans la forêt. »

« Excellente idée ! Je suis impatiente de visiter la forêt. » Rose dit en dansant un peu.

« Ne faites pas l'erreur de penser que je vous tiendrai si vos chaussures vous lâchent et que vous tombez. » plaisante Jack.

« Je sais que vous êtes un gentleman et vous êtes aussi mon ami. Je suis certaine que vous me tiendrez dans vos bras. »

La sonnette retentit et Jack va vérifier la porte.

« Bonsoir, monsieur ! Voici vos bagages », dit l'homme de l'autre côté.

Jack le laisse entrer. L'homme arrange les deux sacs sur le porte-bagages et dit : « Permettez-moi de vous présenter toutes les installations qui sont disponibles dans cette chambre. »

« Oui, allez-y, s'il vous plaît », dit Jack.

« Merci, monsieur. » L'homme les renseigne au sujet du téléviseur, du **haut-parleur**, du **système stéréo**, du minibar et des options de repas dans la chambre.

« Avez-vous des installations de location de produits

comme des **vêtements** ou des chaussures pour le voyage en forêt? » demande Rose.

« Non, madame. Vous pouvez louer une **caméra** pour une journée si vous le désirez. Une trousse contenant des articles de premiers soins de base, une paire de **ciseaux**, des **médicaments** courants et une torche est incluse dans le forfait de visite quotidienne et elle vous sera remise au moment de la réservation. » dit l'homme.

« D'accord. Merci », dit Rose.

L'homme s'en va.

« Je m'habillerai rapidement pour le dîner », dit Rose et retire sa trousse de **maquillage** de son sac.

« Vite, Miss Petite ! » dit Jack et pose son **ordinateur portable** sur la table.

« Je ne trouve pas la **poubelle** dans cette pièce, Jack, où est-elle ? » demande Rose.

« C'est là où se trouvent vos belles chaussures brisées. » Jack plaisante.

« Vous ne pouvez pas être sérieux ! » dit Rose et jette son **pinceau** à Jack. Jack sourit.

SUMMARY

Jack et Rose arrivent à l'hôtel et obtiennent une suite pour le week-end. Le personnel de l'hôtel leur présente toutes les installations disponibles ainsi que les forfaits touristiques. Un lien d'amitié et de plaisanterie se développe entre les deux.

WORDS TO REMEMBER

1. **Téléphone portable** - Mobile phone
2. **Chaussures** - Shoes
3. **Sac à main** - Handbag
4. **Lunettes** - Glasses
5. **Valises** - Suitcases
6. **Portefeuille** - Wallet
7. **Jeans** - Jeans
8. **Stylo** - Pen
9. **Chemise** - Shirt
10. **Peigne** - Comb
11. **Rouge à lèvres** - Lipstick
12. **Parfum** - Perfume
13. **Lotion** - Lotion
14. **Téléphone** - Telephone
15. **Ordinateur** - Computer
16. **Crayon** - Pencil
17. **Bloc-notes** - Notepad
18. **Livre** - Book
19. **Système stéréo** - Stereo system
20. **Haut-parleur** - Speaker
21. **Médicaments** - Medicines
22. **Vêtements** - Clothes
23. **Caméra/Appareil photo** - Camera
24. **Ciseaux** - Scissors
25. **Ordinateur portable** - Laptop
26. **Maquillage** - Makeup
27. **Brosse/Pinceau** - Brush
28. **Poubelle** - Garbage bin

QUESTIONS

1. Quel genre de chambre Jack et Rose louent-ils pour leur séjour à l'hôtel?

- a. Une chambre de luxe
- b. Une chambre standard
- c. Une salle exécutive
- d. Une suite

2. Que donne la réceptionniste à Jack avec les clés?

- a. Un livre
- b. Une carte
- c. Un stylo
- d. Un coupon de réduction

3. Lequel des énoncés suivants est vrai?

- a. La suite dispose de cinq chambres
- b. La suite est gratuite pour Jack et Rose
- c. La suite n'est pas disponible
- d. La suite dispose d'un minibar

4. Que fait Rose après être allée dans la chambre?

- a. Elle s'habille pour le dîner

- b. Elle appelle sa mère
- c. Elle prend une douche
- d. Elle se couche

5. Quelle est la chose que Rose ne peut trouver dans la pièce?

- a. La télévision
- b. La poubelle
- c. Le minibar
- d. Le canapé

ANSWERS

1. **d.** Une suite
2. **a.** Un livre
3. **d.** La suite dispose d'un minibar
4. **a.** Elle s'habille pour le dîner
5. **b.** La poubelle

ENGLISH TRANSLATION

Jack and Rose are on their way back to the car. Jack checks his mobile phone, and the time is 7 p.m. The words of the fortune-teller about marrying Rose are still on his mind. Rose is thinking about the same thing. She swings her handbag in her hand in joy as she makes her way across the rocky lane in her broken shoes. They say nothing to one another. They reach the main road and find the driver and the mechanic there.

"What's wrong with the car?" Jack asks the driver.

"Oh, hello. sir! You're back!" the driver says and puts on his glasses. "The mechanic has checked the engine. He feels he will have to take the car to his shop to fix the issue."

"Ok. So, let's unload our suitcases from the car then." Jack says and slips his wallet into the pocket of his jeans.

"Wait, Jack! I'll help you!" Rose says and walks slowly towards him dragging her shoes on the ground.

"Miss Petite, thank you. You handle yourself, I will handle your bag." Jack says.

"Will you not handle me?" she whispers.

"Sorry? I didn't hear that," says Jack.

"Nothing! I said, "Give me your pen, I will hold it."

"Really?!"

"Of course!" she says confidently.

"Miss Petite, I don't have a pen in my hand. In fact, my shirt doesn't even have a pocket to hold one. Think of a reply while I unload the suitcases." Jack says and goes away.

Rose is embarrassed. She stands up there smiling and says nothing.

"Will you be able to drop us at the hotel in the mechanic's car?" Jack asks the driver.

"Oh, yes, definitely! Let me get the keys from him!" the driver replies and goes to fetch the keys from the mechanic.

Jack looks at Rose and she looks back.

"Let me just check my face and hair before we leave," she says and opens her handbag.

She first takes out a comb and runs it through her shiny black hair. She then pulls out a mirror and checks her hair in it. She finally finishes her look with an application of her favorite lotion, a pink lipstick, and a generous spraying of perfume.

"I am ready to go!" Rose says putting all her belongings back into her handbag.

"Do you have an additional pair of shoes?" Jack asks while looking at her broken ones.

"No. I never imagined this happening."

"Are we ready to go to the hotel?" the driver asks from inside the mechanic's car.

Jack and Rose get into the car, and the driver takes them away. In about ten minutes, they arrive at the hotel. The hotel is a small building near the forest. Jack and Rose get out of the car, unload their bags, thank the driver, and walk in.

"Good evening, sir, good evening, madam! Welcome!" says the receptionist.

"Hello!" says Jack. "We would like to reserve two rooms here for the night," he adds.

"Sure sir. Please take a seat." replies the man.

He types something on the computer and then dials a number on the telephone. He speaks to his colleague on the other side for about five minutes and then hangs up.

"We only have one single room available, sir. Are you okay with that?" says the man.

"Not at all!" Jack replies.

"All right. So, then there is another option. We have a two-bedroom suite. Would you like to take that?"

"That's better. How much does it cost per night?" Jack asks.

"For how long would you like to stay with us?" the man asks and scribbles something on his notepad with his pencil.

"Tonight and tomorrow night."

He pulls out his calculator and puts in some numbers. "That will be €120 per night, inclusive of all taxes."

"Please allow me to pay for one night, Jack." Rose interrupts.

Jack agrees and the payments are made. The man hands over the keys to the room to Jack and also gives him a book containing details about all the amenities of the hotel.

"You have breakfast included with your stay for both nights sir. We also organize day tours for our guests to some popular tourist locations nearby. If you need to plan one, please feel free to get in touch with me. Enjoy your stay with us." says the man.

"Sure. Thank you!" Jack says and the two of them go to their room.

"It's a nice room!" says Rose.

"Yeah, quite good for this place," Jack replies.

"Shall we go for dinner now? Then we can plan what to do tomorrow." Rose suggests.

"The day tours the man at the desk was talking about sound quite nice. We can take one to the forest tomorrow."

"Great idea! I am excited to visit the forest." Rose says, doing a little dance.

"Don't make the mistake of thinking that I will hold you if your shoes fail you and you fall down." Jack jokes.

"I know what a gentleman you are and you are also my friend. I am certain you will hold me."

The doorbell rings and Jack goes to check the door.

"Good evening, sir! Here are your bags." says the man on the other side.

Jack lets him in. The man arranges both bags on the luggage rack and says, "Please allow me a moment to introduce you to all the facilities that are available in this room."

"Yes, please go ahead," Jack says.

"Thank you, sir." the man says and tells the two of them about the TV set, the speaker and stereo system, the minibar, and the in-room dining options.

"Do you have any product rental facilities like clothes or shoes for the forest trip?" Rose asks.

"No, madam. You can rent a camera for a day if you please. A kit containing some basic first aid items, a pair of scissors, some common medicines, and a torch is included with every day tour package and will be given to you at the time of booking." says the man.

"Ok. Thank you," says Rose.

The man leaves.

"I will quickly dress up for dinner," Rose says and removes her makeup kit from her bag.

"Fast, Miss Petite!" Jack says and places his laptop on the table.

"I can't find the garbage bin in this room, Jack, where is it?" Rose asks.

"It's right where your beautiful, broken shoes are." Jack jokes.

"You can't be serious!" Rose says and throws her brush at Jack. Jack smiles.

4
SATURDAY
NUMBERS

Jack et Rose se réveillent tôt le lendemain matin et se préparent à partir pour la forêt. Il y a **quinze** chambres à leur étage et la leur est la plus proche de l'ascenseur.

« Combien de chambres pensez-vous que cet hôtel a au total ? » demande Rose, qui ferme la porte de sa chambre et marche dans le couloir.

« Cet hôtel a deux étages. Si les deux étages ont le même nombre de chambres, il doit y en avoir **trente** », répond Jack.

« Je pense qu'ils ont aussi des chambres au rez-de-chaussée. »

« Pour de vrai ? »

« Oui. J'en ai vu **cinq** quand nous sommes allés dîner hier soir. Cela fait donc **trente-cinq** chambres », dit Rose.

« Pas mal, Miss Petite! Vous êtes douée en mathématiques ! » dit Jack.

L'ascenseur arrive et ils y entrent. Il y a déjà **deux** hommes et **trois** femmes là-dedans. Jack n'est pas à l'aise avec le grand nombre de personnes dans l'ascenseur, mais il ne dit rien.

En arrivant au rez-de-chaussée, tout le monde sort rapidement. Jack et Rose marchent jusqu'à la réception. Il y a **quatre** hommes là-bas, mais la personne à qui ils ont parlé la nuit dernière est introuvable.

« Comment puis-je vous aider, monsieur? » demande **un** homme à Jack.

« Nous avons réservé une excursion d'une journée dans la forêt aujourd'hui », dit Jack.

« Très bien. La visite commence à **six** heures, soit dans **vingt-cinq** minutes. Asseyez-vous, s'il vous plaît, je vous le ferai savoir lorsque l'autobus d'excursion arrivera », dit l'homme.

« Bien sûr ! Merci. » dit Jack.

« Quel est votre numéro de chambre ? » demande l'homme.

« **Treize**. »

« Et avez-vous des sacs ? »

« Juste un sac à main. »

« D'accord. » dit l'homme et il note les détails.

Jack et Rose s'assoient sur les confortables canapés rembourrés dans le hall. Le hall est petit et confortable. Il est largement vide. Les sept personnes qui étaient avec Jack et Rose dans l'ascenseur ne sont dans les alentours. Après environ **vingt** minutes, un bus d'excursion arrive. C'est un véhicule de **douze** places. L'homme à la réception informe Jack et Rose qu'ils peuvent monter à bord de l'autobus.

« Vous pouvez aller vous asseoir dans l'autobus si vous voulez », dit l'homme.

« Quand l'autobus partira-t-il ? » demande Rose.

« Dans exactement **dix-huit** minutes », dit l'homme. « Il y a eu un léger retard en raison de problèmes techniques dans le véhicule. Il y a **sept** autres personnes qui se joignent à la visite à partir de cet hôtel. Dès leur arrivée, l'autobus partira. »

« Très bien ! » dit Rose.

Le temps passe et le bus se remplit. Le voyage commence au bon moment. Le bus atteint bientôt la forêt. Tous les passagers débarquent, et le guide dit :

« Attention, mesdames et messieurs ! Nous allons maintenant commencer notre randonnée. Veuillez rester avec le groupe et n'hésitez pas à venir me voir si vous avez besoin de quoi que ce soit. »

Le guide distribue une carte à tous les touristes et tout le monde commence à marcher. Il y a plus d'un **millier** de variétés d'arbres et une **centaine** d'espèces différentes d'animaux et d'oiseaux dans la forêt. Jack et Rose apprécient la beauté de la nature.

« Cet endroit est si tranquille, n'est-ce pas ? » dit Jack.

« Oui, ça l'est. Puis-je vous poser une question ? », dit Rose.

« Oui. »

« Qu'avez-vous pensé lorsque la diseuse de bonne aventure a dit que nous finirions par nous marier ? »

« Impossible ! »

« Est-ce vraiment ce que vous pensiez ? »

« Oui. Écoutez, Rose, ne construisez pas d'espoirs ou de rêves autour de ce qu'elle a dit. J'aime quelqu'un d'autre. » dit Jack.

Rose ne dit rien.

« Je suis désolé, Rose », dit Jack.

Elle ne dit rien puis disparaît derrière les arbres.

« Où allez-vous ? » demande Jack.

« Attendez là ! Je reviens ! » dit Rose.

Elle revient **dix** minutes plus tard avec **cinquante** roses à la main.

« Jack, je ne sais pas ce que tu penses de moi. Je ne sais pas si tu m'aimeras un jour, mais je m'en fiche. Tout ce que je sais, c'est que tu représentes le monde pour moi. Je t'aime, Jack, et je continuerai à t'aimer pour le reste de ma vie. Tu n'es sous aucune force pour m'aimer en retour. Mes paroles peuvent vous sembler irréelles, mais mes sentiments pour vous sont absolument purs et vrais », dit Rose.

Tous les autres membres du groupe de trekking applaudissent et acclament. Jack est complètement sans voix.

« J'apprécie vraiment ce que vous ressentez pour moi, Rose. Merci beaucoup ! Vous serez toujours spéciale pour moi. » dit Jack avant d'enlacer Rose. La randonnée prend fin et tous les touristes, y compris Jack et Rose, retournent à l'hôtel. Jack est incapable de se réconcilier avec la confession de Rose. Il se sent mal pour elle. Le visage de Kathryn clignote devant ses yeux.

« S'il vous plaît, pardonnez-moi, Rose ! Mon cœur ne bat que pour Kathryn. » Jack pense à lui-même.

SUMMARY

Jack et Rose partent pour leur voyage dans la forêt avec un groupe de touristes. Ils aiment la nature et la faune. Rose exprime alors son affection pour Jack. Jack la rejette poliment parce qu'il aime Kathryn. Il considère Rose comme une amie spéciale.

WORDS TO REMEMBER

1. **Quinze** - Fifteen
2. **Trente** - Thirty

3. **Cinq** - Five
4. **Trente-cinq** - Thirty-five
5. **Deux** - Two
6. **Trois** - Three
7. **Quatre** - Four
8. **Six** - Six
9. **Vingt-cinq** - Twenty-five
10. **Treize** - Thirteen
11. **Dix** - Ten
12. **Un** - One
13. **Vingt** - Twenty
14. **Douze** - Twelve
15. **Dix-huit** - Eighteen
16. **Sept** - Seven
17. **Cent/centaine** - Hundred
18. **Mille/millier** - Thousand
19. **Cinquante** - Fifty

QUESTIONS

1. Combien y a-t-il de chambres dans l'hôtel où Jack et Rose séjournent?

- a. Six
- b. Vingt-sept
- c. Trente-deux
- d. Trente-cinq

2. Combien de personnes voyagent dans l'autobus avec Jack et Rose de leur hôtel?

- a. Cinq
- b. Sept
- c. Neuf
- d. Onze

3. Que donne le guide touristique à tous les touristes avant la randonnée?

- a. Une carte
- b. Un parapluie
- c. Un panier
- d. Une paire de chaussures

4. Que donne Rose à Jack dans la forêt?

- a. Un morceau de gâteau
- b. Une boîte de chocolats
- c. Un bouquet de roses
- d. Une glace

5. Que dit Rose à Jack au sujet de ses sentiments?

- a. Je t'aime, et je continuerai de t'aimer pour le reste de ma vie
- b. Je te hais maintenant et pour toujours
- c. Tu es mon meilleur ami
- d. J'aime ton sourire

ANSWERS

1. **d.** Trente-cinq
2. **b.** Sept
3. **a.** Une carte
4. **c.** Un bouquet de roses
5. **a.** Je t'aime, et je continuerai de t'aimer pour le reste de ma vie

ENGLISH TRANSLATION

Jack and Rose wake up early the next morning and get ready to leave for the forest. There are fifteen rooms on their floor and theirs is the closest to the elevator.

"How many rooms do you think this hotel has in total?" Rose asks as they shut the door of their room and walk down the hallway.

"This hotel has two floors. If both floors have the same number of rooms, there must be thirty," Jack replies.

"I think they also have rooms on the ground floor."

"Do they?"

"Yes. I saw five of them when we went down for dinner last evening. So that makes it thirty-five rooms," says Rose.

"Not bad, Miss Petite! You are good at math!" Jack teases.

The elevator arrives and they get on. There are already two men and three women in there. Jack is uncomfortable about the large number of people in the elevator, but he says nothing.

As they reach the ground floor, everyone exits rapidly. Jack and Rose walk to the front desk. There are four men there but the person they spoke to last night is not to be found.

"How may I help you, sir?" one man asks Jack.

"We have a booking for the forest day tour today," Jack says.

"All right. The tour departs at six, twenty-five minutes from now. Please have a seat and I will let you know once the tour bus arrives," the man says.

"Sure! Thank you." Jack says.

"What is your room number?" the man asks.

"Thirteen."

"And do you have any bags?"

"Just one handbag."

"Ok." the man says and notes down the details.

Jack and Rose sit down on the comfortable cushioned sofas in the lobby. The lobby is small and cozy. It is largely empty. The seven people who were with Jack and Rose in the elevator are not to be seen anywhere. After about twenty minutes, a tour bus arrives. It is a twelve-seater. The man at the front desk informs Jack and Rose that they can board the bus.

"You may go and take your seats in the bus if you like," says the man.

"When will the bus depart?" Rose asks.

"In precisely eighteen minutes." the man says. "There was a bit of a delay because of some technical issues in the vehicle. There are seven more people joining the tour from this hotel. As soon as they arrive, the bus will leave."

"All right!" says Rose.

Time passes by and the bus fills up. The journey begins at the right time. The bus soon reaches the forest. All the passengers disembark, and the tour guide says,

"Attention, ladies and gentlemen! We will now begin our trek. Please stay with the group and don't hesitate to come to me if you need anything."

The tour guide hands out a map to all the tourists and everyone starts walking. There are over a thousand varieties of trees and a hundred different species of animals and birds in the forest. Jack and Rose enjoy the beauty of nature.

"This place is so tranquil, isn't it?" says Jack.

"Yeah, it is. Can I ask you something?" says Rose.

"Yes."

"What did you think when the fortune-teller said that we'll end up married?"

"Impossible!"

"Is this what you really thought?"

"Yes. Look, Rose, don't build any hopes or dreams around what he said. I love someone else." Jack says.

Rose says nothing.

"I am sorry, Rose," Jack says.

She says nothing and disappears behind the trees.

"Where are you going?" Jack calls out.

"Wait there! I am coming!" Rose says.

She returns in ten minutes with fifty roses in her hand.

"Jack, I don't know what you think about me. I don't know if you will ever love me but I don't care. All I know is that you mean the world to me. I love you, Jack, and I will continue to do so for the rest of my life. You are under no force to love me back. My words may seem unreal to you, but my feelings for you are absolutely pure and true." Rose says.

All the remaining members of the trekking party clap their hands and cheer. Jack is thoroughly speechless.

"I really appreciate what you feel for me, Rose. Thank you so much! You will always be special to me." Jack says and hugs Rose. The trek comes to an end and all the tourists, including Jack and Rose, return to the hotel. Jack is unable to come to terms with Rose's confession. He feels bad for her. Kathryn's face flashes before his eyes.

"Please forgive me, Rose! My heart beats only for Kathryn." Jack thinks to himself.

5
BACK HOME
RELATIONSHIP WORDS

Jack et Rose sont dans la pièce à faire leurs valises. C'est dimanche après-midi. Rose est bouleversée; elle ne veut pas rentrer chez elle. Ses **amis** et **collègues** l'appellent, mais elle ne répond pas au téléphone.

« Ce voyage a été très amusant. Merci beaucoup Jack », dit-elle.

« Oh, Miss Petite ! Ne me remerciez pas. Vous avez fait en sorte que ce soit amusant. » dit Jack. « J'espère que ce dernier voyage se déroulera sans obstacle », ajoute-t-il.

« Je ne souhaite pas », dit Rose.

« Quoi ? »

« Parce que cela me donnera plus de temps à passer avec vous », dit-elle.

Jack la prend dans ses bras et lui dit : « Nous garderons contact. Vous pouvez m'appeler quand vous voulez, Rose. »

Ils échangent leurs numéros après quoi Rose dit : « Je sais que tu ne ressens rien pour moi maintenant, mais je prie pour que ce jour arrive très bientôt où tu diras que tu m'aimes aussi. »

Jack sourit.

« Reprenons-nous le même taxi ? » demande Rose.

« Le même taxi ou pas, mais le même conducteur, c'est certain. »

« Vous avez dit que vous devez aller au Royaume-Uni pour une fête d'anniversaire, à quelle heure est votre vol de Florence ? »

« Je n'en ai pas encore réservé un. Je prendrai le vol le plus tôt possible », dit Jack.

« Je prévois aussi d'aller passer du temps avec ma famille en Suisse », dit Rose.

« Ma **mère** est très fâchée contre moi parce que j'ai beaucoup voyagé pour le travail dernièrement. Je vais passer du temps avec elle et mon **père** maintenant. »

« Avez-vous des **frères et sœurs** ? » demande Rose.

« Oui. J'ai une sœur aînée et une sœur cadette. Ma **sœur** aînée est mariée. Elle vit avec son **mari** en Australie. La plus jeune est occupée à peindre la ville en rouge avec son **petit ami** », dit Jack en souriant.

« Votre **famille** est nombreuse. Je n'ai qu'un **frère** aîné et il est marié lui aussi. Il vit avec sa **femme** et ses **enfants** en Suisse avec mes **parents**, ma **grand-mère** et mon **grand-père** », dit Rose. « Quand avez-vous l'intention de demander votre **copine** en mariage? » ajoute-t-elle.

« La demander en mariage ! Je ne lui ai même pas encore dit que je l'aime. Je vais le faire le jour de son anniversaire », dit Jack.

« Absolument ! D'**étrangers** à amis et plus encore ! C'était de loin le meilleur voyage de ma vie ! » dit Rose.

« C'était vraiment incroyable ! Du plaisir, du rire, de l'aventure et beaucoup de mésaventures ! »

« C'était agréable d'apprendre à vous connaître, Jack. Je chérirai toujours le temps que nous avons passé ensemble. Comme je vous l'ai dit plus tôt, je continuerai à vous aimer pour le reste de ma vie. Si jamais vous décidez de rompre avec Kathryn, appelez-moi », dit Rose.

« Vous êtes une femme merveilleuse, Rose, juste un peu petite! Vous occuperez toujours une place spéciale dans mon cœur. Attendons de voir ce que l'avenir nous réserve », dit Jack avant de quitter et de se rendre à l'aéroport pour prendre son vol vers le Royaume-Uni.

Il rentre à la maison et se prépare avec enthousiasme pour la fête d'anniversaire de Kathryn ce soir-là. Il prépare les cadeaux et lui achète une carte d'anniversaire spéciale. Tenant un grand, magnifique bouquet de fleurs dans sa main, il arrive à la fête d'anniversaire de Kathryn. Il aperçoit là le même homme qu'il avait vu sur la photo de Kathryn il y a quelques jours. Il décide de poser des questions à Kathryn à son sujet.

« Hé, Kathryn ! Joyeux anniversaire ! Qui est cet homme là-bas ? On ne me l'a pas encore présenté. Je l'ai aussi vu sur votre photo il y a quelques jours. » demande Jack.

« Oh, je suis désolé, Jack. Laissez-moi vous le présenter ! Cela m'a complètement échappé ! » dit Kathryn et appelle l'homme.

« Je voulais vous présenter l'un à l'autre », dit-elle à cet homme. « C'est Jack, un de mes amis très proches, et Jack, c'est Mark, mon **fiancé**. »

Jack est choqué au-delà de l'imagination.

Kathryn rit et dit : « Je voulais surprendre tout le monde avec cette nouvelle à ma fête d'anniversaire. Comment aimez-vous mon choix ? N'est-ce pas incroyable ? »

Jack n'a pas de mots. Son coeur est brisé en morceaux. Il ne dit rien à personne et quitte simplement la fête.

Cinq ans plus tard, Jack est un écrivain à succès. Rose a également trouvé un grand succès dans le domaine de l'art.

La prédiction se réalise. Jack et Rose vivent heureux ensemble dans un manoir à Londres.

SUMMARY

Le week-end de Jack et Rose prend fin. Ils discutent des familles de l'autre et se remémorent les moments passés ensemble au cours des derniers jours. Rose réitère ses sentiments pour lui. Ils atteignent Florence et Jack part pour le Royaume-Uni pour assister à la fête d'anniversaire de Kathryn. Il se prépare à sortir son côté romantique et confesser son amour pour elle à la fête. Quand il arrive à la fête, il apprend que Kathryn est déjà fiancée à quelqu'un d'autre. Jack a le cœur brisé et quitte immédiatement la fête. Selon la prédiction de la diseuse de bonne aventure, Jack et Rose se marient et vivent ensemble heureux pour toujours.

WORDS TO REMEMBER

-
1. **Amis** - Friends
2. **Collègues** - Colleagues
3. **Famille** - Family
4. **Mère** - Mother
5. **Père** - Father
6. **Frères et sœurs** - Siblings
7. **Sœur** - Sister
8. **Mari** - Husband
9. **Petit ami** - Boyfriend

10. **Frère** - Brother
11. **Épouse/femme** - Wife
12. **Enfants** - Children
13. **Parents** - Parents
14. **Copine** - Girlfriend
15. **Étrangers** - Strangers
16. **Fiancé** - Fiancé
17. **Grand-mère** - Grandmother
18. **Grand-père** - Grandfather

QUESTIONS

1. Comment Jack et Rose voyagent-ils à Florence?

- a. En taxi
- b. À pied
- c. En tram
- d. En train

2. Combien de frères et sœurs Rose a-t-elle?

- a. Deux sœurs
- b. Un frère
- c. Deux frères et une sœur
- d. Quatre sœurs et cinq frères

3. Que fait Jack après être arrivé à Florence?

- a. Il va voir un client
- b. Il sort avec Rose
- c. Il monte à bord du vol à destination du Royaume-Uni
- d. Il va travailler

4. Qu'est-ce que Jack achète à Kathryn pour son anniversaire en plus des cadeaux?

- a. Un gâteau à l'ananas
- b. Un livre de poésie
- c. Une voiture
- d. Une carte d'anniversaire

5. Quelles nouvelles surprenantes Jack reçoit-il lorsqu'il arrive à la fête?

- a. La fête a été annulée
- b. Rose est enceinte
- c. Kathryn est déjà fiancée à quelqu'un d'autre
- d. Kathryn est mariée

———

ANSWERS

1. **a.** En taxi
2. **b.** Un frère

3. **c.** Il monte à bord du vol à destination du Royaume-Uni
4. **d.** Une carte d'anniversaire
5. **c.** Kathryn est déjà fiancée à quelqu'un d'autre

ENGLISH TRANSLATION

Jack and Rose are in the room packing their bags. It is Sunday afternoon. Rose is upset; she doesn't want to go back home. Her friends and colleagues call her, but she doesn't answer the phone.

"This trip was a lot of fun. Thank you so much, Jack," she says.

"Oh, Miss Petite! Don't thank me. You made it fun." Jack remarks. "I hope this final journey takes place without any hurdles," he adds.

"I wish not," Rose says.

"What?!"

"Because that will give me more time to spend with you," she says.

Jack hugs her and says, "We will be in touch. You can call me anytime you like, Rose."

They exchange numbers after which Rose says, "I know you don't feel anything for me now, but I pray that day comes very soon when you will say that you love me too."

Jack smiles.

"Are we taking the same cab back?" asks Rose.

"The same cab or not I cannot say, but the same driver for sure."

"You said you have to go to the UK for a birthday party, what time is your flight from Florence?"

"I haven't booked one yet. I will take the earliest flight possible." Jack says.

"I am also planning to go and spend some time with my family in Switzerland," Rose says.

"My mother is very cross with me because I have been traveling a lot for work lately. I will spend some time with her and my father now."

"Do you have any siblings?" Rose asks.

"Yes. I have one elder sister and one younger sister. My elder sister is married. She lives with her husband in Australia. The younger one is busy painting the town red with her boyfriend." Jack says, smiling.

"Yours is a large family. I only have one elder brother and he is married too. He lives with his wife and children in Switzerland along with my parents, my grandmother, and my grandfather." says Rose. "When are you planning to propose to your girlfriend?" she adds.

"Propose! I haven't even told her yet that I love her. I am going to do that on her birthday." Jack says.

The cab arrives and the two of them leave for Florence. While chatting, teasing each other, and laughing along the way, they reach Florence in a few hours.

"We are finally in Florence! What a journey this was, from the Florence railway station to now!" Jack says.

"Absolutely! From strangers to friends and more! This was by far the best trip of my life!" Rose says.

"It was amazing indeed! Fun, laughter, adventure, and a lot of mishaps!"

"It was lovely getting to know you, Jack. I will forever cherish this time we spent together. As I told you earlier, I will continue to love you for the rest of my life. If you ever decide to break up with Kathryn, just give me a call," says Rose.

"You are a wonderful girl Rose, just a bit petite! You

will always hold a special place in my heart. Let's wait and see what the future has in store for us," Jack says and goes to the airport to board his flight to the United Kingdom.

He gets home and excitedly starts getting ready for Kathryn's birthday party that evening. He gets the gifts ready and buys a special birthday card for her. Holding a large, gorgeous bouquet of flowers in his hand, he arrives at Kathryn's birthday party. He spots the same man there that he had seen in Kathryn's display picture a few days ago. He decides to ask Kathryn about him.

"Hey, Kathryn! Happy birthday! Who is that man over there? I've not been introduced to him yet. I also saw him on your display picture a few days ago." Jack asks.

"Oh, I am so sorry Jack. Let me introduce you to him! It completely slipped out of my mind!" Kathryn says and calls the man over.

"I wanted to introduce you both to one another," she says to the man. "He is Jack, a very close friend of mine. And Jack, he is Mark, my fiancé."

Jack is shocked beyond imagination.

Kathryn laughs and says, "I wanted to surprise everyone with this news at my birthday party. How do you like my choice? Isn't it amazing?"

Jack has no words. His heart is shattered into pieces. He says nothing to anyone and just leaves the party.

Five years later, Jack is a very successful writer. Rose has also found great success in the field of art. The prediction comes true. Jack and Rose live together happily in a mansion in London.

CONCLUSION

Congratulations! You have done it!

Reading and understanding a whole story comprising seventeen chapters and several phrases and dialogues in a new language is not easy. Thanks to your efforts, you now know what to say when you meet someone, how to discuss the weather and food, how to ask for directions, how to speak to the salesperson at a shopping mall, how to express your emotions, what to say when you fall in love with someone, and so much more. Through Jack and Rose's story, you have experienced many real-life situations in this new language. You might not have understood each and every word in the book, but what you have accomplished is commendable! You have managed to learn a new language on your own without the help of any teacher and outside of a classroom setting.

Now what?

Now, it's time to practice!

Pick out all those aspects of the book that you didn't understand completely and attempt to master them. Try interacting with a native speaker. Expose yourself to videos, movies, and articles in this new language and try to pick up as much as you can. Every effort you make will take you closer and closer to the ultimate goal of perfection and fluency. No one can learn a language in the space of a few weeks. Even native speakers who are fluent have mastered the language over many years. So, don't feel discouraged. It's normal to find this experience challenging at times, it's normal to forget a few words here and there, and it's normal to make mistakes. Every time you practice, you grow. This gradual growth will eventually take you up there to the pinnacle of success in your language learning journey. Don't give up and don't settle for the ordinary because the best things in life lie on the other side of hard work and patience.

What's next?

There are four books in this series - all packed with short stories and dialogs - that focus on everyday French, ensuring that you learn the basics of the language.

Search for **Language Mastery** to find the rest of the books in the series, as well as dozens of other resources. To continue your language learning journey, simply add the book to your library. We have a book collection, which you can find on your favorite online bookstore or library, that outlines practical steps that you can take to keep learning any language. If you are ever lost or in need of new ideas or direction, we suggest you consult our book collection or just send us an email, we will be there to help you.

Your biggest fan,
Language Mastery!

ALSO BY LANGUAGE MASTERY

SPANISH TITLES

SPANISH 1. **Spanish Short Stories for Beginners:** *Over 100 Conversational Dialogues & Daily Used Phrases to Learn Spanish. Have Fun & Grow Your Vocabulary with Spanish Language Learning Lessons!*

SPANISH 2. **Conversational Spanish Dialogues:** *Over 100 Conversations and Short Stories to Learn the Spanish Language. Grow Your Vocabulary Whilst Having Fun with Daily Used Phrases and Language Learning Lessons!*

SPANISH 3. **Learn Spanish with Short Stories:** *Over 100 Dialogues & Daily Used Phrases to Learn Spanish in no Time. Language Learning Lessons for Beginners to Improve Your Vocabulary & Speak Spanish Like a Native!*

SPANISH BUNDLE. **Learn Spanish for Beginners:** *Over 300 Conversational Dialogues and Daily Used Phrases to Learn Spanish in no Time. Grow Your Vocabulary with Spanish Short Stories & Language Learning Lessons!*

FRENCH TITLES

FRENCH 1. **French Short Stories for Beginners:** *Over 100 Conversational Dialogues & Daily Used Phrases to Learn French. Have Fun & Grow Your Vocabulary with French Language Learning Lessons!*

FRENCH 2. **Conversational French Dialogues:** *Over 100 Conversations and Short Stories to Learn the French Language. Grow Your Vocabulary Whilst Having Fun with Daily Used Phrases and Language Learning Lessons!*

FRENCH 3. **Learn French with Short Stories:** *Over 100 Dialogues & Daily Used Phrases to Learn French in no Time. Language Learning Lessons for Beginners to Improve Your Vocabulary & Speak French Like a Native!*

FRENCH BUNDLE. **Learn French for Beginners:** *Over 300 Conversational Dialogues and Daily Used Phrases to Learn French in no Time. Grow Your Vocabulary with French Short Stories & Language Learning Lessons!*

ITALIAN TITLES

ITALIAN 1. **Italian Short Stories for Beginners:** *Over 100 Conversational Dialogues & Daily Used Phrases to Learn Italian. Have Fun & Grow Your Vocabulary with Italian Language Learning Lessons!*

ITALIAN 2. **Conversational Italian Dialogues:** *Over 100 Conversations and Short Stories to Learn the Italian Language. Grow Your Vocabulary Whilst Having Fun with Daily Used Phrases and Language Learning Lessons!*

ITALIAN 3. **Learn Italian with Short Stories:** *Over 100 Dialogues & Daily Used Phrases to Learn Italian in no Time. Language Learning Lessons for Beginners to Improve Your Vocabulary & Speak Italian Like a Native!*

ITALIAN BUNDLE. **Learn Italian for Beginners:** *Over 300 Conversational Dialogues and Daily Used Phrases to Learn Italian in no Time. Grow Your Vocabulary with Italian Short Stories & Language Learning Lessons!*

GERMAN TITLES

GERMAN 1. **German Short Stories for Beginners:** *Over 100 Conversational Dialogues & Daily Used Phrases to Learn German. Have Fun & Grow Your Vocabulary with German Language Learning Lessons!*

GERMAN 2. **Conversational German Dialogues:** *Over 100 Conversations and Short Stories to Learn the German Language. Grow Your Vocabulary Whilst Having Fun with Daily Used Phrases and Language Learning Lessons!*

GERMAN 3. **Learn German with Short Stories:** *Over 100 Dialogues & Daily Used Phrases to Learn German in no Time. Language Learning Lessons for Beginners to Improve Your Vocabulary & Speak German Like a Native!*

GERMAN BUNDLE. **Learn German for Beginners:** *Over 300 Conversational Dialogues and Daily Used Phrases to Learn German in no Time. Grow Your Vocabulary with German Short Stories & Language Learning Lessons!*

www.ingramcontent.com/pod-product-compliance
Lightning Source LLC
Chambersburg PA
CBHW071914070526
44583CB00016B/1987